AF495091

1 Mars 1906

PN

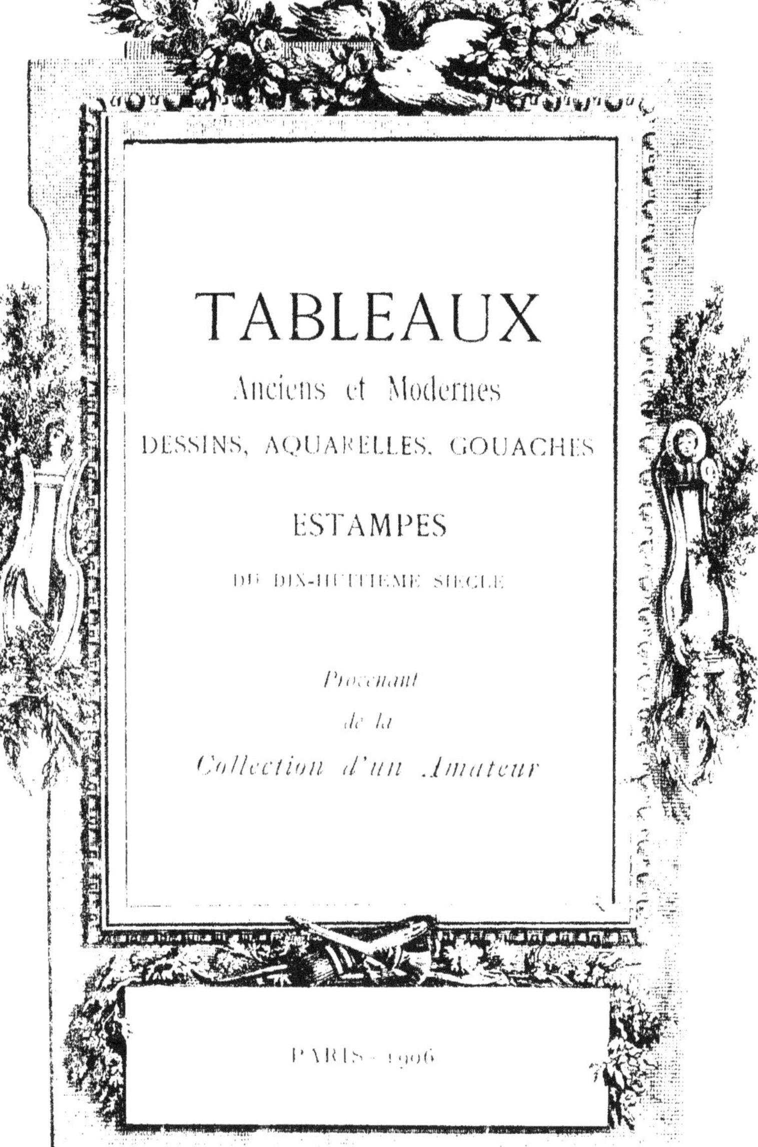

TABLEAUX

Anciens et Modernes

DESSINS, AQUARELLES, GOUACHES

ESTAMPES

DU DIX-HUITIÈME SIÈCLE

Provenant

de la

Collection d'un Amateur

PARIS — 1906

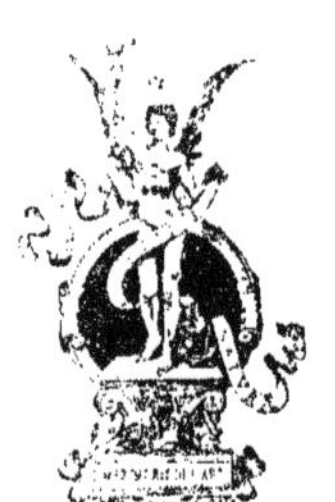

CATALOGUE

DES

Tableaux Anciens et Modernes

Par ou d'après :

L. BOILLY, GRIMOUX, J.-B. HUET, LAGRENÉE, SWEBACH, LAUNAY,
C. VANLOO, WATTEAU, ETC.

TROIS TABLEAUX DE L'ÉCOLE IMPRESSIONNISTE, PAR C. MONET, SISLEY, GUILLAUMIN

DESSINS, AQUARELLES, GOUACHES

Par ou d'après :

BOILLY, CARESME, CARMONTELLE, DESRAIS, GREUZE, LANGENDYCK,
MANGERT, MARTIN, L. MOREAU, NILSON, ETC.

ESTAMPES DU XVIIIe SIÈCLE

Par :

BAUDOUIN, BOILLY, DEBUCOURT, FRAGONARD, HUET, JANINET, H. ROBERT, ETC.

Provenant de la Collection d'un Amateur

DONT LA VENTE AURA LIEU

HOTEL DROUOT, SALLE Nº 6

Le Jeudi 1er Mars 1906

à deux heures 1/2

COMMISSAIRE-PRISEUR
Me PAUL CHEVALLIER
10, rue Grange-Batelière

EXPERTS
MM. PAULME & B. LASQUIN FILS
10, rue Chauchat | 12, rue Laffitte

EXPOSITION PUBLIQUE
Le Mercredi 28 Février 1906, de 1 heure 1/2 à 6 heures

CONDITIONS DE LA VENTE

Elle sera faite au comptant.

Les adjudicataires paieront DIX POUR CENT en sus des enchères.

Paris. — Imp. de l'Art, E. MOREAU ET Cie, 41, rue de la Victoire.

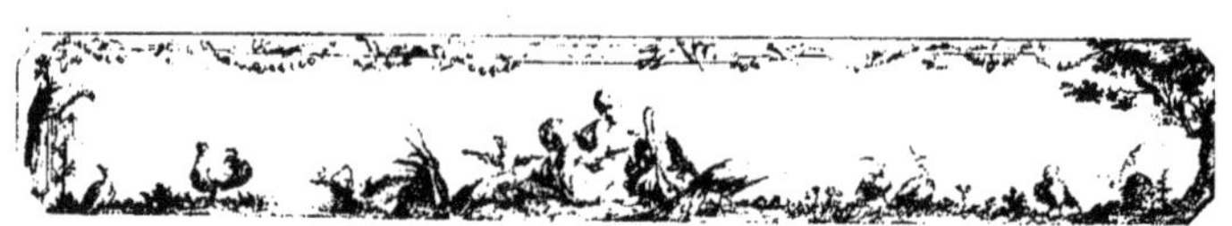

Désignation

GRAVURES ANCIENNES
ENCADRÉES

BASSET

(Publiée chez

1 — *Almanach aérostatique pour l'année 1785.*

Curieuse estampe sur les Ballons.

BAUDOUIN

(D'après A.

2 — *La Toilette*, par N. Ponce.

Superbe épreuve, avec grande marge.

BOILLY

(D'après LOUIS)

3 — *L'Optique*, par CAZENAVE.

Belle épreuve coloriée, avec marges.

BOILLY

(D'après L.)

4 — *La Surprise*, par HONORÉ.

Très belle épreuve. Grande marge.

CHEVAUX

(D'après [illegible])

5 — *Le Chat au guet. — La Cage ouverte.*

Deux estampes en couleur, faisant pendants, par L. BONNET. Belles épreuves.

COSWAY

(D'après R.)

6 — *La Mère intéressante.*

Estampe en couleurs, publiée chez [illegible]. Bonne épreuve.

COUCHÉ

7 — *L'Amour volage. — L'Amour quêteur.*

Deux estampes faisant pendants, d'après QUÉVERDO.

DEBUCOURT

(P.-L.)

8 — *Annette et Lubin.*

Sujet tiré de la Comédie de Favart, portant ce titre.
Très belle épreuve en couleur.
Petite marge.

FRAGONARD

(D'après H.)

9 — *La Bonne Mère.* — *Le Serment d'amour.*

Deux estampes faisant pendants, par N. de Launay.
Très belles épreuves. Marges.

GÉRARD

(D'après Marguerite)

10 — *Le Bouquet inattendu*, par Henri Gérard.

Bonne épreuve coloriée.

HUET

(D'après J.-B.)

11 — *L'Amant écouté.* — *L'Éventail cassé.*

Deux estampes en couleur, faisant pendants, par L. Bonnet.

HUET

(D'après J.-B.)

12 — *L'Accord maternel. — Les Soins Maternels.*

Deux estampes faisant pendants, en couleur, par L. Bonnet.
Très belles épreuves, remargées.

JANINET

(F.)

13 — *Bacchus préside à la fête. — Le Culte systématique.*

Deux estampes en couleur, faisant pendants, d'après Caresme.
Belles épreuves avec marges.

LAWREINCE

(D'après N.-L.)

14 — *The Comparison.*

Copie ancienne anglaise, par [illegible], de l'estampe de Janinet, d'après la même composition.
Belle épreuve. Marge.

ROBERT

(D'après Hubert)

15 — *L'Ermite du Colisée. — La Prière interrompue.*

Deux estampes en couleur, faisant pendants, par Descourtis.
Très belles épreuves.

PASTEL, DESSINS
AQUARELLES, GOUACHES

ÉCOLE FRANÇAISE
(XVIIe siècle)

16 — *Adoration des Bergers. — Adoration des Mages.*

Deux miniatures sur vélin, faisant pendants.

ÉCOLE FRANÇAISE
(XVIIIe siècle)

17 — *Idylle champêtre.*

Gouache.
Cadre ancien en bois sculpté et doré.

ÉCOLE FRANÇAISE
(XVIIIe siècle)
DEUX PENDANTS

18 — *Portraits d'Homme et de Femme.*

Deux dessins aux crayons de couleurs, de forme ovale.

ÉCOLE FRANÇAISE
(XVIIIe siècle)

19 — *Portrait de Jeune Femme.*

Gracieux pastel, de forme ovale.
Cadre ancien en bois sculpté et doré.

BAUDOUIN

(Pierre de)

DEUX PENDANTS

20 — *Scènes d'intérieurs.*

Deux petites gouaches.
Cadres en bois sculpté et doré, à fronton.

BOILLY

(LOUIS)

21 — *Simone, fille de Chenard.*

Gracieux portrait aux crayons noir et blanc, légèrement rehaussé en couleur.
Cadre ancien en bois sculpté et doré.

BOILLY

(LOUIS)

22 — *Scène de voleurs.*

Variante du même sujet gravé.
Dessin à la plume et lavis d'encre de Chine.

CARESME

(PH.)

DEUX PENDANTS

23 — *La Halte à l'auberge. — Intérieur d'écurie.*

Deux dessins à l'aquarelle. Signés.

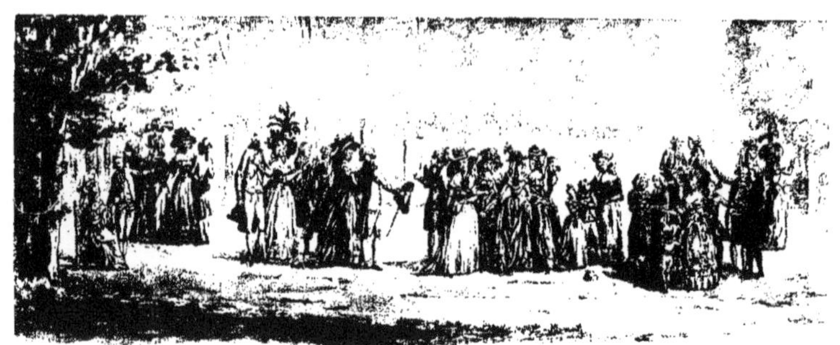

N° [illegible]

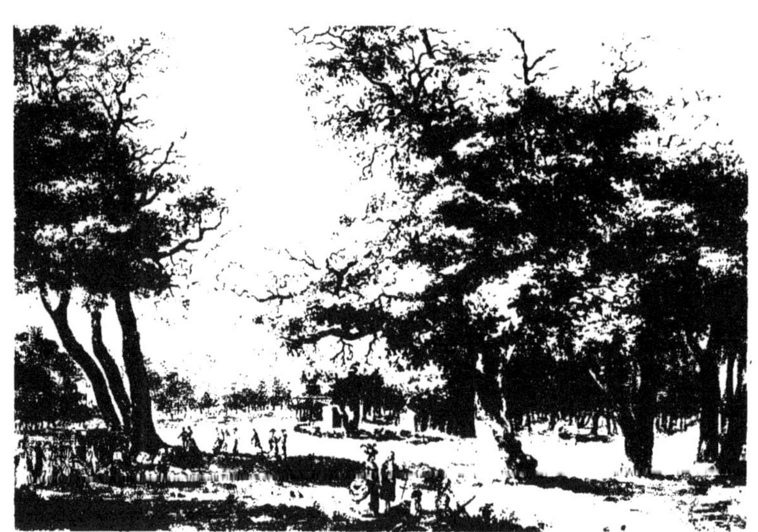

N° [illegible]

CARMONTELLE

24 — *Portrait de Madame Louise de Sartine.*

Assise de profil à gauche. Fond de parc.
Dessin aux crayons de couleurs.
Cadre en bois sculpté et doré.

COCHIN
(C.-N.)

25 — *Uranie, allégorie à l'Astronomie.*

Dessin à la plume lavé d'encre de Chine.
Cadre ancien en bois sculpté et doré.

DESRAIS

26 — *Comédies de Molière.*

Suite de six dessins à la plume, lavés de sépia et rehaussés de blanc, de forme ovale.
Cadre en bois sculpté et doré.

DUPLESSIS-BERTAUX

27 — *Charpente en construction.*

Curieux dessin à la plume, lavé d'encre de Chine. Inachevé.
Cadre en bois sculpté et doré.

GREUZE

(J.-B.)

28 — *La Lettre de cachet.*

Importante composition avec nombreuses figures.
Sépia.

JOHANNOT

(TONY)

29 — *Eugénie. — Le Barbier de Séville.*

Deux dessins pour illustrer les œuvres de Beaumarchais ; à la sépia.

LANCRET

(NIC.)

30 — *Le Passeur.*

Étude à la sanguine.
Cadre en bois sculpté et doré.

LANGENDYCK

(D.)

31 — *Troupeau traversant un gué.*

Dessin à la plume, lavis et aquarelle. Signé.

LANTÉ

32 — *Costumes de Femmes, de France, Espagne et Suisse.*

Huit dessins à l'aquarelle dans deux cadres en bois sculpté doré.

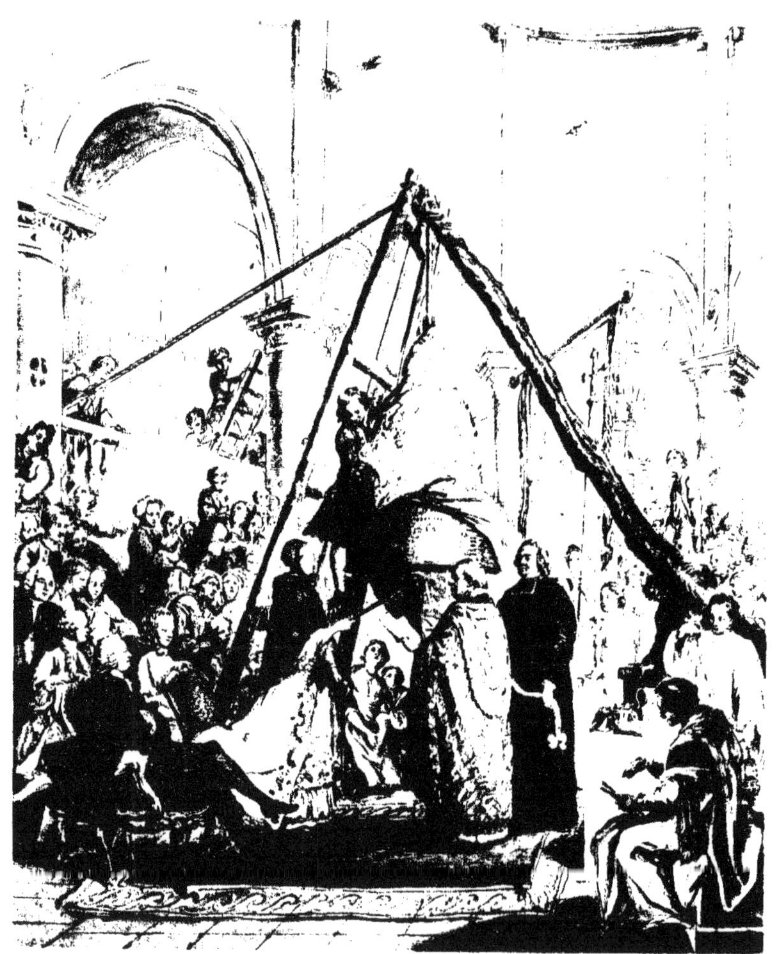

MALLET

33 — *Le Serment.*

Gouache.
Cadre ancien en bois sculpté.

MANCERT

34 — *Halte dans le bois.*

A la clairière d'un bois, sous de grands arbres touffus, un carrosse est arrêté à gauche. Des promeneurs en descendent et vont à la promenade. Au milieu de la composition, dans un groupe de figures, un dessinateur est assis et travaille.

Intéressant dessin largement traité à la plume, lavé de sépia et rehaussé en couleur.

Signé et daté en bas à droite : *1783.*

MARTIN

35 — *Baptême de la cloche de l'église d'Ormesson.*

Au centre de la composition, la cloche est suspendue et, devant elle, le curé s'apprête à la bénir, ayant à son côté les parrain et marraine. Sur la gauche est un groupe de personnages, portraits de membres de la famille d'Ormesson.

Très intéressant dessin à la plume et à l'aquarelle, rehaussé de gouache. Signé en bas à droite et daté : *1704.*

MONNIER

(HENRY)

36 — *Portrait de l'Empereur Napoléon Ier.*

Debout sur un fond de paysage.
Sépia.

MOREAU, L'AÎNÉ

LOUIS

[illegible]

37 — *Le Chêne et le Roseau. — Le Torrent et la Rivière.*

Deux gouaches.
Cadres anciens en bois sculpté et doré.

NILSON

38 — *Encadrements de portraits.*

Deux dessins à la plume rehaussés de lavis d'encre de Chine. Signés et datés.
Cadres en bois sculpté.

OZANNE

DU XVIIIe SIÈCLE

39 — *Vue du Port de Brest. — Vue du Port de Toulon.*

Deux dessins à la plume, lavis d'encre de Chine.

WATTEAU

FRANÇOIS

40 — *Promenade dans un parc.*

Sous de grands arbres se promènent ou sont assis, par groupes, un grand nombre de petits personnages [illegible].
Joli et intéressant dessin à la plume, avec lavis d'encre de Chine.
Beau cadre ancien Louis XVI, [illegible] de rubans, en bois sculpté et doré.

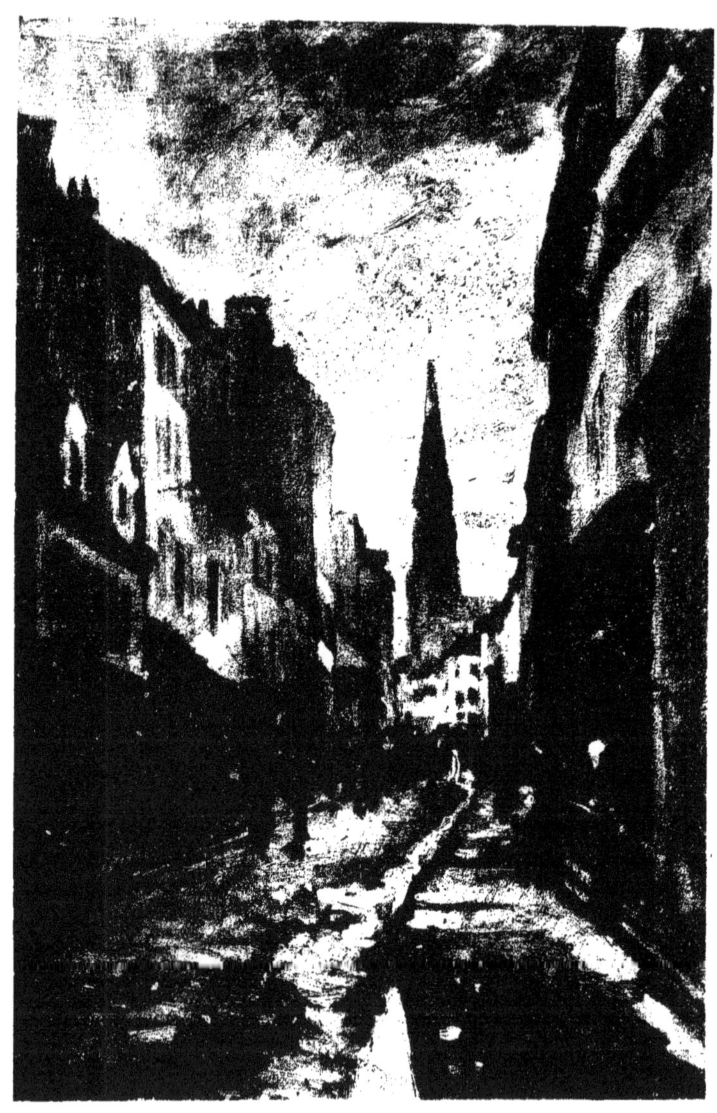

N° 41

TABLEAUX MODERNES

DE

L'ÉCOLE IMPRESSIONNISTE

MONET

(CLAUDE)

41 — *La Grande-Rue, à Argenteuil ; effet du matin.*

Toile signée et datée : 74.

Haut., [illegible] cent. ; larg., [illegible] cent.

SISLEY

42 — *Chemin des Grès, à Sèvres; effet du matin.*

Toile signée.

Haut., 57 cent.; larg., 55 cent.

GUILLAUMIN

43 — *Paysage, avec rivière et village.*

Toile signée.

Haut., 55 cent.; larg., 70 cent.

TABLEAUX ANCIENS
ET MODERNES

ÉCOLE FRANÇAISE

(XVIIIe siècle)

44 — *Le Pêcheur à la ligne. — La Petite Jardinière.*

Deux peintures décoratives faisant pendants.
Bordures anciennes en bois doré.

Toiles. Haut., 48 cent.; larg., 62 cent.

ÉCOLE FRANÇAISE

(XVIIIe siècle)

45 — *Jeune Fille, tenant sur son bras gauche un chat guettant un oiseau posé sur sa main droite.*

Gracieux portrait.
Cadre ancien en bois sculpté et doré.

Toile. Haut., 72 cent.; larg., 55 cent.

BOILLY

LOUIS

46 — *Portrait de Henri-Louis-Jacques de Pontauberoye, lieutenant de dragons.*

Toile. Haut., 21 cent.; larg., 15 cent.

BOILLY

(LOUIS)

47 — *Portrait de Charles-Théodore de Pontauberoye, officier de marine, frère du précédent.*

Toile. Haut., 21 cent.; larg., 15 cent.

BOILLY

(LOUIS)

48 — *Portrait de François-Charles Drouin.*

Bonne qualité du maître.

Toile. Haut., 21 cent.; larg., 15 cent.

BOILLY

(LOUIS)

49 — *Portrait de Jeanne-Marguerite Leriche.*

Toile. Haut., 21 cent.; larg., 15 cent.

CLOUET

(Genre de)

50 — *Portrait de Jeune Homme, en pourpoint noir.*

Bois. Haut., [illegible] cent.; larg., 17 cent.

DAUBIGNY

51 — *Paysage, avec chaumières et église.*

Etude.
Bois signé.

Haut., 12 cent.; larg., 22 cent.

DOLCI

(Attribué à CARLO)

52 — *La Vierge au raisin.*

Bois. Haut., 48 cent.; larg., 56 cent.

GREUZE

(Attribué à J.-B.)

53 — *Tête de Jeune Fille.*

Etude d'expression.
Peinture sur carton.
Cadre ancien en bois sculpté et doré.

Haut., 47 cent.; larg., 37 cent.

GRIMOUX

JEAN-ALEXIS

54 — *Portrait d'Acteur.*

Il est représenté presque de face, vêtu d'un costume à crevés, ouvert sur la poitrine.

Accoudé à une table, sur laquelle est une pipe, il tient une bouteille de sa main droite et son verre dans sa main gauche levée.

Beau portrait.

Très beau cadre ancien en bois sculpté et doré.

Haut., 1 mètre; larg., 80 cent.

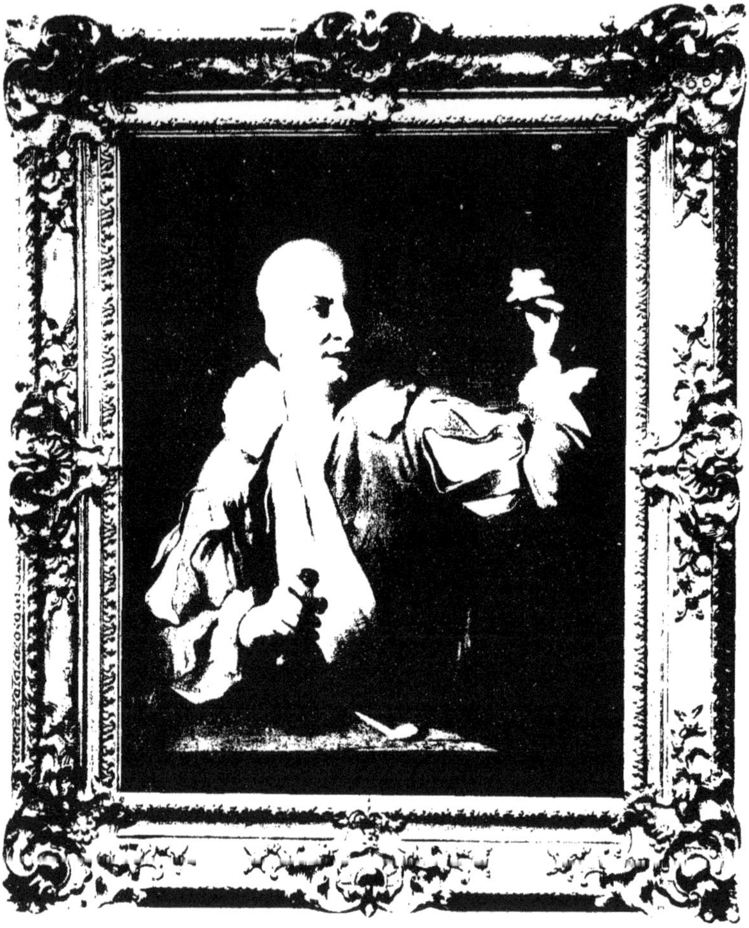

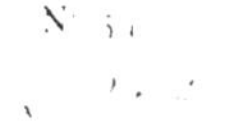

GRYFF

(A.)

55 — *Paysage, avec volatiles et autres animaux.*

Bois signé.

Haut., [illegible] cent.; larg., [illegible] cent.

HUET

(J.-B.)

(DEUX PENDANTS)

56 — *Étude d'animaux et paysage.*

Toiles. Haut., [illegible] cent.; larg., [illegible] cent.

JEAURAT

(Attribué à)

57 — *Buste de Jeune Fille.*

En corsage décolleté et coiffée d'un bonnet.
Cadre ancien en bois sculpté et doré.

Bois. Haut., 22 cent.; larg., 18 cent.

LAGRENÉE

58 — *Figure allégorique.*

Buste de femme, la tête couronnée de feuillages.
Toile de forme ronde.

Diam., 75 cent.

LAMBERT
(EUGÈNE)

59 — *Le Bonnet d'âne.*

Bois signé.

Haut., 16 cent.; larg., 10 cent.

LANCRET
(D'après NIC.)

60 — *La Souricière.*

Peinture décorative, de forme cintrée à la partie supérieure.
Bordure ancienne en bois sculpté et doré.

Toile. Haut., 1 m. 50 cent.; larg., 95 cent.

NATTIER
(Atelier de J.-M.)

61 — *Portrait de la princesse Louise d'Orléans.*

En buste, de trois quarts sur la gauche, en vestale auprès d'un autel où brûle le feu sacré.
Gracieux portrait.

Toile. Haut., 87 cent.; larg., 72 cent.

PALIZZI

62 — *Roses trémières et jeune chèvre.*

Bois signé.

Haut., 14 cent.; larg., 10 cent.

ROBERT

(Genre de HUBERT)

63 — *Le Pont rustique. Paysage, rivière et figures.*

Petite composition de forme ovale.

Bois. Haut., 27 cent.; larg., 35 cent.

SWEBACH-DESFONTAINES

64 — *Paysage animé de figures et animaux.*

Cadre ancien en bois sculpté et doré.

Toile. Haut., 32 cent.; larg., 42 cent.

TAUNAY (?)

(N.)

65 — *Le Tambourin.*

Composition connue par la gravure en couleurs de Descourtis.

Bois. Haut., 38 cent.; larg., 23 cent.

TOURNIÈRES

(Attribué à R.)

66 — *Portrait presumé de la duchesse de Choiseul.*

Vue presque de face, légèrement tournée vers la gauche. Corsage de soie brodée, largement ouvert sur la poitrine, avec écharpe entourant le buste. Elle tient des fleurs en sa main. Fond de paysage.

Cadre ancien en bois sculpté et doré.

Toile. Haut., 81 cent.; larg., 63 cent

VANLOO

(Attribué à C.)

67 — *Portrait de Femme.*

Elle est en buste, le bras droit appuyé sur une table, vêtue d'un corsage de gaze péquinée, qu'entoure une écharpe flottante. Des petits nœuds de rubans ornent le cou, la poitrine et les bras; des fleurs sont piquées dans sa chevelure.

Gracieux portrait.

Cadre ancien en bois sculpté et doré.

Toile. Haut., 81 cent.; larg., 65 cent.

WATTEAU (?)

(ANT.)

68 — *Les Fatigues de la guerre.*

Composition à sujet militaire, connue par la gravure de Scotin, jointe au tableau.

Fine petite peinture, d'une chaude tonalité.

Beau cadre Louis XVI en bois sculpté et doré.

Bois. Haut., 26 cent.; larg., 31 cent.

WOUVERMAN

(Genre de PH.)

69 — *Halte de chasse.*

Toile. Haut., 44 cent.; larg., 52 cent.

WOUVERMAN

(Genre de PH.)

70 — *Le Coup de l'Étrier.*

Toile. Haut., 35 cent.; larg., 39 cent.

WYNANTS

(Attribué à J.)

71 — *Paysage, avec chasseur et chien.*

Bois. Haut., 40 cent.; larg., 45 cent.

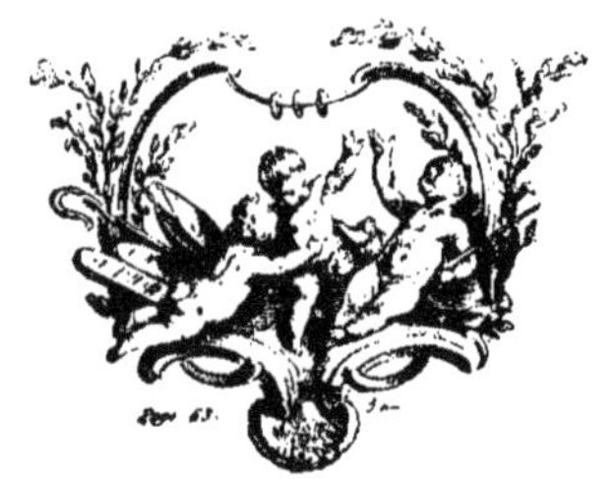

www.ingramcontent.com/pod-product-compliance
Ingram Content Group UK Ltd.
Pitfield, Milton Keynes, MK11 3LW, UK
UKHW022147170726
13837UKWH00004B/1828

9 782329 522906